EL REMERO DE ULISES

APUNTES DE TRAVESÍA

Gabriel Rubio

COLECCIÓN ITES

EL REMERO DE ULISES.
APUNTES DE TRAVESÍA

© Gabriel Rubio Navarro
© de esta edición: Olé Libros, 2025

ISBN: 979-13-87620-46-2
Depósito legal: V-1078-2025
Impreso en España

KALOSINI, S. L.
Grupo editorial olélibros
equipo@olelibros.com
www.olelibros.com

A Mario, Daniel, Íñigo y Susana, tripulación incondicional

EL REMERO DE ULISES (CÓMO NO... ULISES)

Olas de tinta en el rompeadioses, inútil vanidad de las espumas que saltan tratando de alcanzarte. De este océano blanco que transito, soy creador de negros oleajes que te buscan, el remero de Ulises olvidado que trata de entregarte la misiva. No soy Elpénor, el joven y famoso que habla en sueños. Soy el viejo y anónimo remero que deja sus memorias escritas en la arena de la playa, un carácter no jugable de la historia: con voz —solo si quieres escucharme—, pero sin foto.

CUADERNO ROJO

UNO

El mundo quedó frío y en silencio
solo las olas llegan
> de un mar
> que ya no existe
Es el vacío helado
de los recuerdos dormidos
El aliento que deja
el beso del olvido
Su mirada en jirones
que se posa en la mía
La niebla
que humedece
y encierra mi horizonte

Quiero romper la bruma
llegar hasta tu cuerpo
Colocar las palabras
en los huecos que faltan

Un cilindro de hielo
que se clava en la tierra
mi pozo de las respuestas
ha quedado vacío
> pero cada noche
> me encaramo a su boca
Ahora guío tu mano
como tú me guiaste
y vuelves a ser nacida,

desnuda de palabras
Ahora yo te nazco
y nombro tus miradas
relleno con palabras
tus huellas en la arena
que se llevan las olas
                    de un mar
                    que ya no existe.

Dos

Vuelves a la madre
pero no hay un cuerpo
ningún límite de piel que la contenga
ningún recuerdo de ella en los espacios
no hay volumen
no hay rastro
no hay sonido
Han pasado los años
maremotos de olvido

Sin embargo
tú vuelves
siguiendo el magnetismo de la tierra
al círculo de fuegos conocidos
y no buscas
lo que no puedes encontrar

Buscas
la anécdota mil veces repetida
los ojos que te escuchan desde dentro
el acento que sabe a compartido
las sesiones de juicios suspendidas
la cerveza franca de las noches
la seguridad de ser mirado

Es la ternura
regresé a la matria.

TRES

El viento en Barcelona
dice la verdad
No preguntes
No dudes
No me esperes

Hay poco tiempo
Corre
Esperan los aviones
los taxis los hoteles
el tablero alocado de las ocas
aeropuertos o cárceles, los trenes,
un continente entero
para encontrar la puerta de la huida

No mires atrás
No hay dudas
Conoces esa voz
que trajo el viento
Haz pronto la maleta
Sal corriendo.

Cuatro

(Lenguas negras devoran autos
como insectos metálicos)
                              Autopistas
Vengo de los espacios de la noche
ávidos de presencias
huérfanos de palabras
siento el abrazo cálido
de las avenidas de hormigón
y el aliento alcohólico
de las calles que bostezan
Semáforos dubitativos
estrellan su luz en mis cristales
conduzco rápido hacia ti
        o lejos de ti
nueva vuelta al circuito de la duda
pasan automóviles sin conductor
alguien grita en la acera manchada
luces azules
el drama intermitente
en el asfalto
restos de plástico
y promesas cromadas

Acelero

Me alejo hacia mis adentros
por autopistas de espejos
lunas rotas en charcos que revientan
me pierdo en laberintos embreados
sin el hilo de Ariadna
suena alto la música que salva
mientras intento encontrar una salida
donde las calles no tienen nombre.

Cinco

En una esquina rota
de la primavera
cantan los héroes
en lenguas que no entiendo

El festín tras la lucha
El paisaje desierto

Un mapa del tesoro
lleva a la madre muerta
Me apresuro a cantarte,
vida, ahora que aún hay quien nos escuche.

Es por la libertad de mis hermanos y mis hijos
Cantad para ahuyentar la sombra de la muerte.

SEIS

Luz de otoño en la ventana
telón de frío y hojas
para la clase que empieza

Se levanta

Hablo sobre funciones
del lenguaje
ya sabes: la fría referencial,
la expresiva apasionada,
esa manipuladora apelativa,
la metalingüística empollona con su amiga,
la fática, siempre pendiente de quién está ahí,
y cómo no, la poética, esa loca.
Lo habitual del otoño cada curso

Una hoja curiosa se detiene
en la ventana cerca de su cara

y me doy cuenta

Mi lingüística prosodia
disecciona fríos sintagmas huecos
casi muertos.

Sin embargo

él y ella
        caminan de la mano
            lejos de mi clase

Ella probó a decir
hola
contacto leve
aviso de presencia
Pero él sintió un alud ardiente en su mirada
y maremotos de sangre por sus venas

Él quiso decir
amor
y dijo
            ¿hola?
y ella supo que luego se verían
al final del pasillo de Segundo

Observo ensimismado sus silencios
elocuentes miradas conectadas
por galerías a salvo de mis normas
los átomos que cargan sus palabras
de funciones que nunca sospechamos
eléctricas atmósferas creadas
alrededor de letras anodinas
los códigos secretos compartidos
a través de papeles mensajeros
las décadas de clases magistrales
bajo el fuego de dos adolescentes

Desde el fondo
de mi discurso hueco,
señor doctor que nunca curó a nadie
extraigo el bisturí de los festivos
me acerco a las funciones del lenguaje
y acuerdo retirarlas del programa

Luz de otoño
fundiendo casi a negro
vuelan hojas secas
suena un timbre

Telón.

Siete

Esta noche es del viento
árboles marquesinas
contenedores de desechos
los papeles tirados
todo huye gime todo baila
la danza de la muerte

Esta noche es del viento

Ruge sobre los edificios
y los aparcamientos,
sobre los hospitales
y los centros comerciales,
sobre las escuelas
y los cementerios
Señor de los ejércitos
y los acantilados,
de las trincheras
y los desfiladeros,
el viento de la guerra
que rodea la tierra
extiende las palabras
que señalan la muerte
La violencia era de otros
Esta noche no

El viento abraza la cintura del mundo
con la avidez enferma
de los despiadados

Los sótanos están llenos de preguntas
Carreteras atestadas de sueños
hacen brillar las venas de la noche
Un país se desangra en el olvido
de las promesas que rompen los misiles
Alertados por la sirena
miramos por última vez
a nuestras casas

No hay frontera para el viento del este

Viento de proyectil en mi ventana
Viento de lluvia
Viento de las vidas que se esfuman
Viento de odio
Viento de la noche que comienza
y en la que lloraremos
a los hijos.

Ocho

Dentro de unos años me odiarás
hoy no lo sabes

hoy juegas ignorando las trincheras
mientras paso a tu lado y reconozco
la sombra del futuro en tu mirada

no es tuya la semilla
la sembraron

Hoy me sonríes
y juegas con mis hijos
ignorando trincheras

la palabra es distinta
la frontera te acecha

Para ti se ha creado
un pasado glorioso
Alguien levantó una vez una bandera
y llega de mano en mano hasta la tuya.
Me odiarás, sin elegirlo.
Me odiarás, sin preguntar.
Me odiarás, por tu patria.
Me odiarás,
para seguir viviendo.

NUEVE

Llueve
La sangre del planeta
El valle nos recibe con dedos de cristal
Rompemos la barrera del silencio
a lomos de una máquina mansa
Somos un bóvido más en ese cuadro
de lomas verdes recién reverdecidas
Sin aviones, tractores o camiones
imposible esconder nuestra presencia
de parásita especie amenazada
Trazamos nuestras huellas
sobre el espejo oscuro
carretera desierta de palabras
en el límite del mundo permitido
tomamos cada curva
como quien desenvuelve su regalo
El agua emborracha la piel de nuestros brazos
entra en el coche y en la ropa
Mantenemos abiertas las ventanas
cordón umbilical entre universos

Avanzamos
Nadie asoma
Tentación de diluvio en la colina
Hay lamias observando en los hayedos
o corzos o milanos o caseros

El vacío grita su conquista del mundo

Sentirse los primeros
de una nueva especie.

DIEZ

Mañana será,
mañana
en un aparte de la lluvia
me quedaré mirando los tejados
como una estatua más
de sal y bronce

Códigos cromáticos
sustituyen la voz de los profetas
escrituras sagradas en neones abiertos a la noche
Sigo las geografías maquilladas
de vaguadas vestidas de cemento
lomas alquitranadas
ramblas ciegas
ríos educados
olvidados de sus orígenes salvajes
arbolado humillado de los parques:
no hay frescor
bajo sus sombras de ceniza
Varias razas de perros
desgarran el cadáver de un niño
en cada acera
Una cola de ataúdes
colapsa la entrada al auditorio
Caducan los iconos
tras un telón de olvido
Los crucificados llevan
pañal de incontinencia
Las mesas del banquete
guardan copas de cava
para quien no vendrá

La fachada tersa del futuro
ya muestra las primeras grietas que lo anuncian:
vivo entre las ruinas
que aún no saben que lo son.

ONCE

Sobre la nieve
busco la transparencia de la ola
la huella blanca
de las arenas heladas
mañana sin gaviotas
bajo el azul con bruma
de la no navidad
Todo es calma
la calma del vacío
La foto que no haremos
arde en el recuerdo
Sus medias
eran caminos seguros
en la noche
ya no encuentro
los hilos que me salvan
Finjo que te aguardo en el paseo
para que nada cambie
Busco el terciopelo del vestido
con las manos de un ciego
paso lista a la gente que me importa
dejo huecos vacíos por si llegan
Hay un orden ajeno a mis rutinas
unas leyes que orientan las miradas
hacia un norte magnético que ignoro
Nos movemos como bancos de peces
en el líquido sol de la mañana
No encajan mis agujas en la esfera
ni se ordenan las horas en secuencia
imposible cerrar un círculo de sangre
que nos convierta en cúpula sagrada

Quiero
        ver el mar
        estar contigo
Oír mi *playlist* de favoritos
para que nada cambie
en año nuevo.

DOCE

Donde no había parques
ni columpios ni fuentes ni parejas
camino acompañado de extrañeza
sobre el recuerdo de aquella tierra yerma

Otra ciudad nació en el descampado
otro cielo tras el perfil de los tejados
otras sombras dan fe
de la privatización del horizonte
o de los hogares
que se construyen en el aire
El sonido del tráfico en las lomas
antiguos pedregales del silencio
sin senderos semáforos cajeros...

Camino sorprendido
por aceras que surgen a mi paso
es un decorado de ficción
quizá soy yo tan solo un figurante
Descubro en los rincones
confidencias que no me pertenecen
Historias que no son mis historias
hacen de esta ciudad otra distinta

La constelación del callejero
eleva a semidioses mis memorias
Transito por un horóscopo doméstico
como una estrella errante y olvidada
Querido Sergio, Míriam, Don Vicente
¿Existieron o son parte de mitos
de otro universo más perdido?

Donde no había parques
llegaron un día las acacias
los ficus las palmeras
los celtis y las lagunarias
las moreras y las jacarandas
y tras ellos las parejas
los carritos
los comercios
y las sillas de ruedas
Crece una ciudad vacía de recuerdos
otras manos o piernas que te nacen
en un cuerpo que no se te parece

Donde no había parques descubro que no existí y me desnazco.

TRECE

Si soplas suavemente en esa foto
animarás las figuras que la habitan
serás capaz de volar una cometa
saltarás sobre las olas del invierno
te sacarás arena de los ojos
lucharás con el papel de la novela
agitarás los toldos de todas las terrazas
planearás sobre las velas de los barcos

Allí está el aire que te falta

No sabes cómo
detuviste el latido del deseo
los sueños adquirieron masa de metales
y fueron los párpados las puertas del olvido

Ábrelos

Dame viento en todas mis arterias
para recuperar la ligereza de la vida
hazme vela
o pájaro migrante
flor cortada
tono de llamada
melodía de Gordon y McKeena
espuma en una caña de cerveza
exposición efímera
flechazo
Dejemos las preguntas esenciales
centrémonos tan solo en los detalles
prescindibles banales
desechables

Solo quiero
urdir la carambola de tu risa
convocar tus cosquillas con un verso
escribir en idioma de cometas.

CUADERNO AZUL

CATORCE

Si no hubieras venido
jamás hubiera visto
el mundo a tu tamaño
juntos construimos
un periscopio de edades
en los túneles del tiempo.

Quince

La vida crece
en los brazos de la noche
Se derraman las horas
de los relojes dormidos
Camino por el surco
de mis antepasados
acunando la sangre
como el viento las olas

¿hay una vida luego, más allá de esta noche?

cada hora es un puente
        que nos lleva a la aurora
cada aurora es un puente
        que nos lleva a la noche

Tú y yo ahora
repetimos el rito las liturgias eternas
nos miran los que antes
acunaron mis sueños

Tu vida crece en los brazos de mi noche
vierto mis horas vivas en tu cuna de sueño.

Dieciséis

Voy llenando mi vaso con tus letras
grandes, en hilera,
como niños en los colegios de antes

vienen
—imposible imaginarlo de otra forma—
con el olor de pinturas de madera
y con tu voz de arroyo
Vienen lentamente, seguidas —silencioso—
por un dedo testigo
que deambula pausado

Te miro mientras trazas
caminos por las hojas
y en tu lectura escucho
las olas alineadas
de un océano frágil
de nuevo renacido.
Escucho en tu lectura
el universo (¡que explota!)
Te miro mientras lleno
mi vaso con tus letras
y acompaño —voz-mano—
algún pasaje escarpado...
Yo brindaré esta noche
con mi copa de letras
porque ya estás salvado
bienvenido a la vida.

Diecisiete

(un taxi me vomita en SALIDAS
todos parecemos moscas atareadas)

La liturgia del viaje que comienza

                              Aeropuerto
Las pantallas azules, negras, grises
El tribunal de los arcos magnéticos
Los pasillos

                              Reloj
La ausencia de voces conocidas
en el cruce de caminos

                              Embarcamos

Qué joven es ahora la azafata que habla
No consigo entender ese inglés de aeronave
¿Hay un plan de emergencia para amores despresurizados?

                              Nos aislamos

la velocidad helada del desarraigo
los teclados que zumban
acosando las letras
¿debería rendirme a los trajes azules?
esos tipos tan grises aflojan sus corbatas
y algún índice bursátil
respirará aliviado

sobrevolamos nubes, ciudades, sueños,
cotidianas rutinas alejadas,
el mapa de la vida que persiste
en enjambres de luces diminutas

                              Os observo
desde el aire sois brillo de neuronas
un lenguaje cifrado que palpita
las señales de un cuerpo sobrehumano
del que soy un recuerdo
un recuerdo en el límite del mundo
apenas soy los trazos
de un dibujo infantil.

Dieciocho

Enmudecen las voces de los niños
bajo la luz extraña de este lunes lejano

como cada mañana
necesito
  el aire de sus voces
  el café casi helado
  las últimas noticias
  la cocina deshecha

Islas
sábados, domingos,
como islas
dejo las atmósferas cercanas
y me alejo conteniendo el aliento

Soy piedra milenaria horadada de sales
mientras me alejo soy
rompeolas hastiado
Enmudecen las voces de los niños
pertinaces rescoldos
en mis puños cerrados
el calor de mi isla se disipa

Quedo a la merced
de las músicas desconocidas
de los hoteles lejanos
de las mesas de desayuno donde nadie se conoce
de los acentos extraños
en túneles de soledad
que se adentran kilómetros
en la nostalgia

...Dormir tiene a veces ese precio.

Diecinueve

Soy de las criaturas que me habitan:
se despiertan temprano
y me acompañan por la casa vacía
señalan en espejos mis defectos
secuestran las grafías de mi nombre
y juegan a desordenar mis iniciales

Por la tarde, respetan que haga siesta
pero tiran de mí a la media hora
para empujarme a sitios que no he visto
y cuestionar las ideas que tenía

Me crean los espacios que comparto
con ellas con el aire y los objetos
me sostienen las paredes de sus mundos
me defino a partir de sus sumandos

Pertenezco a las hiedras que me visten
y ocultan mis defectos a las calles
alivian el calor de mis paredes
y me atan con ellas a la tierra.

VEINTE

Miro los aviones
una tarde azul
llena de dudas

Miro los aviones que te acercan
que te llevan dentro
en su vientre de acero

Miro cada tarde los aviones
Notario obsesionado de sus bailes
distingo sus destinos
por sus ángulos de vuelo
conozco sus siluetas
sus silbidos
el desgarro en la pista
antes del encuentro
sus gestos de gigante atormentado

Miro cada vez, aún no estás dentro

Lo estarás
una tarde azul
llena de dudas

Te di el océano
porque amabas el viento
y la gran llanura
porque amabas el vacío
querías tragar
mundos
        deprisa
Y desaté los lazos

un espejo roto
devuelve tu llamada
Las sábanas, las luces apagadas
son capas de silencio
y son abismos

Miro los aviones que te llevan
Ensayo cada tarde tu llegada
Con minucia repaso los detalles
que anunciarán por fin
que estás más cerca

Van llegando bajan
Tú ya estás dentro
en mi ensayo del miedo
y de la culpa
y puedo ver qué ocurre en la cabina
y descender contigo hasta el asfalto

Tres mil pies,
please, fasten your seat belts
Dos mil,
la azafata repasa los pasillos
Mil pies,
el vértigo del abrazo inaplazable
Quinientos, la pregunta que nunca nos hicimos
Doscientos
                mensajes que escribimos
Cien
        disparos a tu orgullo y el mío
Cincuenta
            motivos para seguir luchando

Diez
    segundos para cerrar la herida

Una pista por delante de nuevo.

Veintiuno

No busques más

La niebla
el abrigo húmedo que oculta
el pulso de la espera
es tu cómplice
en la revelación inesperada

Sientes el aire helado
y el flujo del tiempo
en su forma de magma

Se detiene
Se detiene y abrasa

Llevas años buscando la presencia

Un instante de calma
La bandera que ondea

Huele a anís y canela
un libro de recetas entreabierto
El jarrón de los corchos
La copa inacabada que te espera

Crepitan las palabras
en su forma de tiempo

No la busques
la tienes
asómbrate y dibuja
su contorno en el suelo
Sé fiel a su vacío
como Orfeo
Pero duerme
no busques

y despierta
en los brazos de su lira.

Veintidós

Ahora que no estoy
quiero que sepas:

en algún lugar
muy cerca
no sé cómo ni dónde
vibrará tu sonrisa
y me estremeceré en las ondas del tiempo
será el beso del alma
de las almas sin besos

No sé cómo ni dónde

No te apagues
sigue luciendo
sigue
aunque yo me haya ido
y creas
que no veo tu paso firme
ahora que ya es firme
y creas
que no sepa que miras
por fin al horizonte
ahora que es tuyo el horizonte
No sé cómo ni dónde
por qué camino oculto
de partículas cuánticas
llegarán las señales
de tu vida
la química certeza

de tu rastro
la belleza
de tu voluntad ganada
No sé cómo ni dónde
entenderé tus llamadas
en el túnel del tiempo y del espacio
Sigue luciendo
no sé dónde
ni sé cómo
aunque yo me haya ido.

Veintitrés

Aún oigo el oleaje de su risa
Esta mañana copia de otras tantas
corrimos en pijama por la casa
dejamos cereales en la mesa
desafiamos juntos los relojes
      Ascensor perfumado de preguntas
Fiesta en el coche camino del silencio
Rompeolas
o puerta de colegio
      Me uno al río de las madres
que mojan esperanzas y cruasanes
Leo prensa respiro me reencuentro
quema la agenda
soplo el café con mimo
siento orgullo por ti
por nuestro equipo
curioseo las mesas parlanchinas
me contagio de enjambre y de futuro
      Suena un móvil en una de las mesas
Mesas-diván
Mesas-lanzadera
No cesa la tertulia de las madres
la música es de viernes por la noche
Ella está lejos
de la llamada negra
si descuelga caerá
al fondo de un abismo
Pero no sabe
Ignora
¡no cojas la llamada!

¡no rompas la hermandad
de todas las mañanas!
inútiles señales
mis bengalas
iluminan su asombro
ante la noche
que le llega de pronto
que le cierra los ojos
que le aleja de todo.

Veinticuatro

Es mi sed en la tarde de tu ausencia
la que me vuelve líquido
y dócil a mareas
Un traspié de la física de masas
me deja a la deriva en los espacios

Es otoño
las siete de la tarde
con tesón de farero comunico
a mi pequeña flota de piratas
las escarpadas costas de su juego
en medio de las hojas marrones rodando
sus voces en el tobogán
siguen intactas

Al otro lado de la pared
otras vidas rompiéndose entre gritos
El *trolley* por la acera rugosa
añade su redoble a la ruptura
Mientras la luz azul
ilumina su cara
hay un vacío que espera
su turno de universo

Hoy no somos nosotros
ni los nuestros
El gesto de mi mano crea un nido
y convocamos los ritos de la noche
se hace ancho el otoño
de los parques
se hace oscuro sin los ojos que velan

En medio de las hojas marrones rodando
un niño queda solo
e ilumina a la madre.

Veinticinco

Se van los indios
de las praderas extensas
humean las palabras
hacia los cielos rojos
y un galope de cientos de preguntas
se apaga más y más en la distancia
Quiero volver
al fuego de las noches
al círculo de brazos
y de historias
al calor de la duda disipada
a ese lazo de intimidades construidas
sobre pieles de libros y bisontes
que detenía el tiempo

Sé que aún os buscáis en esos mapas
territorios que juntos exploramos
y escucháis cantar al hechicero
o a las águilas de los guerreros muertos

Sé que aún
Orión en las alturas
os convoca a la roca del consejo
y hablan los tambores del pasado
para ahuyentar el miedo del futuro

No puedo ya mostraros más caminos
queda el calor
los restos de la hoguera
se van los indios
quedamos los vencidos.

Cuaderno negro

Veintiséis

Buscándote
buscándome
observo los pronombres personales
en esas placas frías
de laboratorio
entiendo
      que están ellos
dudo
      ante el vosotros
y quedo
      ensimismado ante el nosotros
el baúl que resuma nuestra vida
tiene forma de lienzo
o de pregunta

    ¿Para ti y para mí hay un nosotros?

¿un nosotros guarida, hogar, mazmorra?
¿nosotros aeropuerto o sala de conciertos?
¿nosotros cine, nosotros madrugada?
¿un nosotros mañana
y pasado mañana?

¿Existe en la gramática el hueco que nos una,
las letras que definan nuestra suma,
el círculo que cierre nuestro trato,
el pronombre-telón
de nuestro estreno?

¿Hasta dónde recogen esos trazos
la distancia de puntos cardinales
o alcanzan como cable de telégrafo
a conectar tu voz y mi silencio?

¿Para ti y para mí hay un nosotros?

¿la manta que nos cubra por las noches?
¿el núcleo del sujeto de los días?

Veintisiete

Ser agua
Seguir siéndolo
Mantenerse
Fluir toda la tarde
sin posarme en tu piel
Establecer un puente
a tu mirada
y no mirar más allá
No salir de las sendas señaladas
ni pisar más allá de tu pisada
El vértigo
en los planes del suicida
evitará el abrazo del asfalto
Hay un abrigo cálido
esperando
entrelazado de voces apagadas
Acaricio la Hidra, mientras duerme,
con la fascinación de lo prohibido

Ser agua
y contener la forma de tu cuerpo
un segundo sería suficiente

La tarde llega fría y por sorpresa
administramos sílabas y sueños
con la destreza de un perito contable

Dentro
en el búnker secreto del deseo
me concentro en ser agua
y no ser fuego
Mi estrategia de materia rendida.

Veintiocho

Para nombrarte
existe una frontera
como un río salvaje
como un río ancho y desbocado,
profundo
oscuro
milenario

Para llamarte
no derivaré tu nombre en vano
no le pondré un pijama
ni zapatillas de casa
no dejaré su raíz palpitante de vida
no lo desnudaré de sílabas finales

huiré de las metáforas
los símiles
de las metonimias acrobáticas

Sobre todo
            no usaré diminutivos

No cruzaré la línea del diminutivo
porque te harías pequeña
y cabrías en un bolsillo
y te vendrías conmigo
para siempre.

Veintinueve

Paracaidista
desde un satélite,
    desde el cielo,
        por sorpresa,
caes en medio del hastío,
del silencio de líneas y de esquemas, mis arcillas,
centella que me encuentra, ilumina mi cara, imagino cómo se
ilumina la tuya mientras escribes
Yo me dedico al taller de alfarero, dar forma a las palabras,
enseño a rellenar correctamente los signos que hablan y
consuelan, me emociona ver tu señal, sonido que preludia,
son las 20:00, adivino que es tuyo, llega escueto y desnudo,
esencial, solo la fibra de unas pocas consonantes, el músculo
vital de la palabra

b7, tq, tspro x cnar
Por un momento imagino el camino de tus letras en el aire,
el lazo que me salva y me sostiene.
Lentamente recojo mis palabras,
las vierto en el reloj de las arenas
para merodear camino a casa
Para merodear
Cami
Noa
Ca
S
a
.

Treinta

Mi silencio es tenaz,
concreto, terco,
gota en la gruta
secreta del deseo
Tiene muros de piedra,
habitaciones, pasillos
que se adentran en la duda
terrazas orientadas a extrañarte
un portal en la calle del olvido

Mi silencio es masa de palabras
diccionario de ausencias
harina de lo nunca pronunciado
que se hace densa y crece
con la fría llegada
de la tarde

Mi silencio —si puede ser silencio
esto que escribo—
es resto de un vacío acompañado
su luz como medida de distancia
atmósfera dañada
de un planeta errante
que no supo acertar
a que lo habites.

TREINTA Y UNO

Qué hacemos con el aire
cuando se rompe y cae
a plomo hasta los suelos
y crea ese silencio del abismo
de discontinuidad de la materia
de cápsula de vacío en el vacío

y no respiras
porque no está

Qué hacemos con el aire
cuando pierde su consistencia de acogida
y se hace grueso
como los muros de una cárcel
y no te une más
a quien tú quieres

Cómo se arregla el aire
y vuelve a ser canal de nuestras voces
o mapa del tesoro hasta su boca
o la orilla de todas sus preguntas

No eres tú
No soy yo
Es el aire entre nosotros
que se ha roto
y ha dejado de ser el mensajero
del calor o del frío
Tiene que ser el aire
Debe de ser el aire

TREINTA Y DOS

Leerte un poema
Apretar el gatillo
Soplar el humo de la ausencia
Sentir el frío
             del espacio vacío
Elegir la película
                 que veremos mañana
Avistar cormoranes en el lago
Merendar en el Coffing
Y conseguir que me invites
                 a un chupito
             de tu mirada.

Treinta y tres

Su piel
de lámina de agua
el *ballet* de mis dedos
en la superficie
persiste sonoro el río en la distancia
coro de agua y piedras enfrentadas

Noche amante,
¿dejaré de escuchar su voz de luna
en el claro de sábanas revueltas
donde se escribe el voto de las vidas?

Es un hilo
su respiración acompasada
el hilo del destino y de los días
un hogar que se clava y alcanza el horizonte

Sigo la senda de las letras mudas
sin rasgar el silencio de la noche
ahogando los diálogos me pierdo
en el bosque sagrado del olvido

Noche túnel,
¿quién espera al llegar a tu salida?

Desconocidos visten nuestras ropas
olvidan las promesas
los deseos
discuten los detalles del acuerdo
pero no engañan
no pronuncian las frases del ensalmo

no conocen los lazos de un lenguaje
construido a medida de nosotros

Su piel de lámina de agua
el hilo que unía nuestros días
las voces que forman nuestro idioma...

Noche madre,
¿parirás el futuro que olvidamos?

Treinta y cuatro

Bodegón
de mañana de domingo
naturaleza viva de las prendas
los colores los tejidos
que abrigaron su cuerpo
de la noche
y ahora duermen rendidos
la mañana

Sois huellas del amor
en su guarida
vestigios
de animales pasajeros
en tránsito
hacia la vida que se escapa

Fijo en mi memoria las señales
los rumbos, coordenadas...
tomo nota del signo
que revela el cariño
rastreo los detalles
testigos del pasado animado de las telas

arqueología de hogar
óleo en la sala
sin marco ni museo que lo albergue.

TREINTA Y CINCO

Vámonos capitana
hacia el muelle del viento.

En el muelle del viento
el mar es un vacío de hojas verdes
horizonte de sábanas
y arcillas encrespadas.

Capitana
te espero
con las velas abiertas
¿has traído la brújula de Sparrow?

Olas de nube
en el rompeaires
azotan vidas diminutas
todo está preso
sujeto a filamentos aleatorios
de cuando en cuando
alguien grita que basta
y un teléfono cuelga la llamada

En el fondo lejano
los toros pacen nerviosos
suenan las sirenas de la feria
un río se desangra
en blanco y rojo

Capitana, muy lejos nos iremos muy lejos
Lejos de la enferma noria de los cauces secos
lejos donde nace el deseo y la ternura

En el muelle del viento
el mar es un vacío de hojas verdes,
horizonte de sábanas
arcillas encrespadas

Por encima de ellas en dirección al norte
navegaremos firmes lejos de la duda.

Treinta y seis

Ordenas la alacena
las fotos los objetos
los vestigios de mundos extinguidos
los libros que leíste
los sonidos
                    Te observo

Sobrevuelan tus manos
los estantes
como ángeles de vida y de la muerte
sobrecoge ser víctima del juicio
y salir del altar de tus recuerdos

                              dudas
                                        valoras
seriamente sopesas los espacios
el orden de las figuras de madera
la lista de personas al olvido

limpias para volar
para llegar más alto
más lejos
y, cómo no, más fuerte

Permanezco inmóvil
en la sala
confundido
en las sombras de tus dudas
no respiro, no hablo, no me muevo,
solo aspiro a quedarme en una esquina
figurilla simpática y risueña
que no quieras quitar
de tu alacena.

BIRDWATCHING EN EL EMPÍREO

(«Cantaloupe Island»,
del disco *Empyrean Isles* de Herbie Hancock)

Observábamos
la cueva de los sueños
esos pájaros blancos
que planean a velocidades uniformes
sobre el fondo apagado de la noche
Cantaloupe brillaba en el empíreo
ingrávida tenaz
despreocupada

Suaves luces de pista de despegue
¿Estuve ya una vez en esa isla?

Sientes la moqueta
como hierba cortada del otoño
aire de plástico
olor a sal
en el maíz de escarcha
lentes de aumento
sobre las flores oscuras
Descifro la cadencia
como espejo de sangre
Me sorprendo dormido
en una atmósfera líquida
ligeros los objetos las palabras
las ideas en vuelo
desde mi puesto de vigía

¿Agotaremos los círculos del piano,
las síncopas sinuosas
de la trompeta lejana
devolverá el silencio de la sala
la gravidez de nuevo al multiverso?

Tuve miedo a la luz
al ruido de las calles
a empezar a hablar
sin tener una coartada
a mirarte y verme reflejado.

Fuera de mi lugar
y, sin embargo,
reconociéndome en el vuelo de las aves
sabiéndome su hermano en las distancias
del tiempo y del espacio

Muchos, muchos años
he tardado en volver a vuestra cita
Es tan fácil ahora
de improviso,
tan natural y extraño

El piano marca los últimos compases
Cantaloupe se aleja en el empíreo
dejando migas de pan
y llaves a vecinos
Recojo los prismáticos
con los nervios
de un ladrón primerizo
y echo a andar tras la idea
de una espiral de vidas

La ciudad sigue intacta
escaleras abajo
los pesos, las medidas,
las formas de los coches,
abandono confuso
la atmósfera liviana

Estamos lejos de la zona segura
tu Google Maps no encuentra
la ruta que nos une

Cómo llegar
          de vuelta hasta el comienzo.

ÍNDICE